就活、この一冊から

- キャンパスと社会をつなぐ -

西村勇気

青簡舎

目　　次

- はじめに ……………………………………………………………… 3
  - キャリア教育、なぜ必要か？ ……………………………… 5

- 第1章　キャンパスライフ
  - さあ、大学生になるぞー！ ………………………………… 9
  - 大学での授業は就職に生かされるの？ …………………… 11
  - 卒業論文は社会で「輝く」ためのビッグチャンス ……… 13

- 第2章　課外活動
  - 部活動やサークルに入ると良いことあるの？ …………… 17
  - アルバイトは将来のキャリア形成に役立つ？ …………… 22
  - "おとな"と話すことは面倒くさい？ ……………………… 26
  - 学生時代の友人は大切に …………………………………… 29

- 第3章　就職活動
  - 就職活動って？ ……………………………………………… 31
  - やりたい仕事が見つからない ……………………………… 37
  - ねぇ、インターンシップ行く？ …………………………… 40
  - キャリアセンターに届く求人をねらおう！ ……………… 46

- 第4章　社会と会社の人間関係
  - たくさん人はいる …………………………………………… 49
  - 入社後、希望通りの仕事ができるか？ …………………… 52
  - 会社の人間関係って？ ……………………………………… 57

- あとがき ……………………………………………………………… 61

はじめに

　横浜市にあります学校法人鶴見大学・鶴見大学短期大学部のキャリアセンターで勤務しております西村勇気と申します。みなさんは就職活動にどんなイメージを持っていますか？ワクワクしますか？それとも不安で一杯でしょうか？
　本書は学生支援のワンシーン（フィクション）を交えながら大学での学生生活（授業や課外活動、また、アルバイトなどの私的活動も含めた入学から卒業までを過ごした期間）での経験が、どのように社会生活（就職など社会と接点のある生活すべて）に生かされるのかを解説していきます。そして、本書をきっかけに卒業後を意識し、これからの学生生活を過ごして欲しいと思います。

　現在、各大学では早期学年よりキャリア教育科目を設置して、「なりたい自分」を考える授業を開講しています。また、インターンシップに参加することで、短期間ながらも実社会を経験し、仕事への理解を深めることもできます。学生のみなさんには是非そのような授業や支援行事に参加して欲しいと思います。また、日々の何気ない学生生活でも卒業後の社会で生かされる経験がたくさんあります。授業で課されたレポートや卒業論文への取組み、部活動の先輩に怒られたこと、アルバイト先で身近な社会人に出会ったこと、人間関係に悩んだことなどは、自身の考え方や価値観を大きく広げる貴重な経験です。
　学生生活の「どの場面」が社会の「どの場面」に生かされるのか？それを理解するだけでも日々のキャンパスでの過ごし方が変わります。大学における学生生活の経験は高校までとは違い、あらゆる点で行動範囲が広がり、卒

業後の社会生活に役立つことばかりです。

　また、就職活動では上記のような経験や感じたことを、エントリーシートや履歴書に書いていくのですが、自分のやってきたことがどのような意味を持つのかがわからず、うまく自己アピールできないという学生も多くいます。

　本書では学生生活の中でみなさんが経験したことがどのように社会生活とつながるのかをわかりやすく解説しています。エントリーシート作成に困っている人は、是非本書から自分と関係ありそうな箇所を参考にして自分の経験とその強みを文章にしてみてください。

　学生生活が、卒業後のキャリア形成につながることを理解していただき、在学中にはできるだけ多くのことにチャレンジして、将来の「なりたい自分」に近づいてほしいと思います。

◎キャリア教育、なぜ必要か？

現在は多くの大学でキャリア教育がカリキュラムに盛り込まれています。どうしてキャリア教育が必要なのでしょうか？学生にとってどんなメリットがあるのでしょうか？

・キャリアとは
「キャリア」という言葉は大学生にとってはあまり馴染みがないでしょう。授業科目やニュースなどで見かけると思いますが「仕事の話？」または「就職活動のこと？」と思う学生も多いでしょう。社会人でもこの言葉の意味を説明できる人は少ないと思います。
「キャリア」とは、仕事にかかわることだけではなく、我々が生きている限り続くものであり、その期間での入学試験や部活動、アルバイトや就職、さらに結婚や子育てなども含めた「経験のつながり」のことを言います。つまり「キャリア」とは人生そのものなのです。

・「キャリア」という言葉が生まれた背景
日本では1990年代から徐々に世の中に登場するようになりました。それは1990年代からの日本の不況経済も影響しています。
それまでの年功序列や長期雇用の形態が変わるなど、自分の将来を自分で考えていく必要性がでてきたこともあり、キャリア形成に注目が集まるようになりました。

・キャリア教育が生まれた背景
先ほども述べましたが、社会情勢の変化もあり、ニートやフリーターなどの正規の仕事に就くことができない若者が増加し、さらに離職率の高さも問

題となりはじめました。その原因として将来の目標を立てることができず、また、働くことに関する考え方が不足していることが挙げられ、教育機関においてキャリア教育を導入し勤労観・職業観を図ろうとしました。大学教育においても2011年に職業指導（キャリアガイダンス）を行うことが義務化されました。今では多くの大学でキャリア教育が実施されています。

・キャリア教育とは？

　キャリア教育は、これからのキャリアのさらなる充実に向け、必要な知識や技術を身につける教育です。将来の自分がイメージできない若者が増え、就職をしてもすぐに会社を辞めてしまう状況を改善したいという背景があります。各大学で行われている内容は様々ですが、「なりたい自分」を考えることや、就職活動に関すること、企業の人事担当者による講座などが挙げられます。つまり、卒業後の「なりたい自分」を早期に描き、その達成に向け、社会の仕組みや求められることの理解を深めていくのです。

・「なりたい自分」を考えたほうがいいの？

　キャリアは生涯にわたる「経験のつながり」と述べましたが、学生が将来の「なりたい自分」を考えたとしても、卒業後、自分を取り巻く環境が変化し、当初の考えが変化することもあるでしょう。しかし、大学時代は社会人と比べ、「なりたい自分」を考えるチャンスがたくさんあります。キャリア科目の履修、部活動・サークルでの経験、アルバイトやかけがえのない友人との出会い、就職活動……、これらは自分の能力を高めると同時に、自分を客観的に見つめ、仕事選びにつながる自分の適性を知る貴重な機会でもあります。

　繰り返しますが、学生生活は将来に生かせる経験であり、キャリア形成においてとても大切な時期なのです。

〈Case1〉卒業したと思ったらもう20年……

　わたしは大学を卒業してもう少しで20年になります。大学ではサッカーサークルに所属し、アルバイトも塾講師、ケーキ配達、テーマパークの飲食店、桃狩りの短期バイト……と人並みに経験し、なんとか卒業することができました。教育関係の会社に就職したのち、サーフショップでフリーターとして働き、縁あって現在の仕事に就いております。早いもので気がついたら20年です。恥ずかしながら、まだまだ学生と近い世代と勘違いして就職支援をしております。

　この20年で、わたしは学生、会社員、フリーター、夫、父、と自分の役割も変化しました。卒業後も「自分にとって最良な道は何なのか」とその先の人生について頭を悩ませた時期もありましたが、振り返ってみると、学生時代を含む若い時代に経験したことがわたしのキャリア形成の基礎になっています。学生時代に自分の道を見つけようともがき苦しんだことは知らない間に心の支えになっています。

　わたしは40歳を過ぎた今でも「なりたい自分」を考えます。学生時代と現在の環境は変わっていますが、今の環境を踏まえ、これからの自分らしいキャリアを考えることは楽しく感じています。社会人になってからは辛い時期もありましたが、楽しいこともたくさんありました。「人生山あり谷あり」といいますが、その通りだと思います。

　みなさんが自分のキャリアを考えるとき、先輩の生き方を参考に聞いてみるのもいいでしょう。生きてきた時代が違うかもしれませんが、ヒントになることはたくさんあると思います。わたしも先輩の話をどんどん聞いて教えてもらおうと思います。

〈まとめ〉
- キャリアとは、"人生そのもの"とも言えます。
- キャリア教育はキャリア（≒人生）の充実に必要なことを身につける教育

・「なりたい自分」を早めに考え、就職でのミスマッチを防ぐ
・たくさんのことを経験できる学生時代はキャリア形成に大切な時期

第1章　キャンパスライフ

◎さあ、大学生になるぞー！

　学生生活は入学式やオリエンテーションに参加することから始まります。その会場には初めて出会う同級生がたくさんいます。緊張する一瞬です。「友達ができるだろうか？」「サークルに入りたいけど、ちゃんと先輩に声を掛けられるだろうか？」「勉強はついていけるだろうか？」そのように感じる学生も多いと思います。また一人暮らしを始めた学生にとっては、引越しの段ボールがまだ部屋に残っている頃です。大学から届いた会場までの案内を手にまだ慣れていない道を歩き、入学式会場まで向かいます。不安と期待が入り混じり、見るものが新鮮にも感じる瞬間です。

〈Case2〉夢へのチャレンジ……
　私は三重県の出身で東京の大学に進学しました。入学前の3月下旬に東京のアパートに引越しをして一人暮らしが始まりました。Jリーグが開幕した頃でサッカー選手を夢見た私は、サッカーの強豪大学を選び一般受験で入学しました。しかし、肝心な入部の方法がわからず、直接監督にお願いしようと考えました。緊張で気絶しそうでしたが、サッカー部が練習するグランドに自転車で向かい、監督らしき人を探し、思い切って入部をお願いしました。その監督らしき人からは「スポーツ推薦しか入部は認めていないんだよ。」と言われてしまい、上京して「さあ、これから！」というところで、

突然夢が断たれてしまいました。しかも入学式を前に……。何のために大学に入学したのか？しかも東京まで来て……。自転車でアパートに帰る途中、大きな雷が鳴っていたことを今でも覚えています。

　というわけで、残念ながら私はサッカー部には入部できませんでした。ただ、行動を起こし一歩踏み出せたこのチャレンジは「友達ができるか？」「授業にはついていけるのか？」と弱気だった自分から抜け出すきっかけになりました。

　社会に出て、働き始めると私が経験したような「緊張するが、自分で行動して前に進まなくてはいけない場面」がたくさん出てきます。会社の出張先での情報交換会などでは一度も会ったことのない他社の社員と名刺交換をしたり、新商品の営業ではこわもての取締役や部長にプレゼンテーションをしたりします。そのような場面では、積極的に自ら行動していかないと、情報収集や、お客様の意向を汲み取ることができません。そのような「緊張するが、自分で行動して前に進まなくてはいけない場面」こそが、会社への貢献につながり、人脈を広げ、何といっても本人の自信と成長につながる経験なのです。入学式後、学科ごとで教室に集まり自己紹介をすることもあるでしょう。また、オリエンテーションでは部活動、サークルの紹介や勧誘があったりします。部活動やサークルに入部するまでのプロセスはその人を成長させる機会にもなります。初めて人と出会うことや新しいことに挑戦する大学の入学シーズンは、卒業後の社会生活に役立つ経験ばかりです。

〈まとめ〉
・社会に出ると緊張する場面がたくさんある。
・緊張する場面に挑戦することが自信と成長につながる。
・入学時など新しい環境は自らを成長させるビッグチャンス

◎大学での授業は就職に生かされるの？

　大学に入学して卒業するまでの4年間は教養科目から専門科目まで広範囲に授業を履修します。理工系や資格取得の学科であれば就職に直結した学びでもあり学生も卒業後の就職を意識して授業に参加することでしょう。一方、就職には直結しにくい学科に所属している学生にとっては日頃の授業が社会にどのように生かされるのかわからないことも多いと思います。

　大学で学ぶ分野は高校時代よりも範囲が限定的であり、さらにその内容について深く考察することが求められます。また、分厚い文献を調査して論理的に文章をまとめ、レポートとして提出することや、授業内でプレゼンテーションをすることもあります。時に全く興味のない科目を履修することもありますが、深く事象を検証することで新しい気づきも生まれるでしょう。原因と結果を深く分析する、時代背景を理解する、人の気持ちを汲み取り研究を進めるそのプロセスは分析力や洞察力を身に着けることとなり、それは社会人になっても十分に生かされます。

　社会に出て仕事をすると、知らないことばかりです。知識のない興味のない仕事内容でもそれを自分のものとして吸収し、取引先のお客様に説明しなくてはいけません。特に入社直後はすべてが初めてのことで、興味関心が持てないからと言って仕事を投げ出すわけにはいけません。社会ではどんなことにも興味をもって取り組む姿勢が必要になるのです。

〈まとめ〉
・授業で培う分析力や洞察力は社会人になっても生かされます。
・全ての授業で、興味、関心を持って取り組む。その姿勢は卒業後の仕事においても求められることです。

◎卒業論文は社会で「輝く」ためのビッグチャンス

　多くの大学生が卒業論文を提出し、社会へ飛び立ちます。学生にとってはこれまで学んできたことの集大成である一方で、提出までに多くの難関を乗り越えなくてはいけません。ここでは卒業論文の経験が卒業後どのように社会で役立つかをお伝えします。

　卒業論文はその研究題目を書き上げるために多くのプロセスを経なくてはなりません。過去の文献に頼るだけでなく、時にはアンケート調査を個人で実施するなど自分なりの見解や情報を盛り込みます。さらに指導教員にその内容を見てもらいながら、論点が正しいのか、その裏付けがあるのかなどブラッシュアップして完成させます。

〈Case3〉今振り返ると……
　ある旅行会社の人事部長のAさんが大学に求人票を提出するために来校してくれた。本学文学部の就職について話しをしていたところ、そのAさんも他大学ではあるが文学部を卒業しているとのことで会話が弾んだ。そしてご自身の学生時代の卒業論文のお話をしてくれた。

　Aさんの卒業論文は、ある文学作品の登場人物の心の移り変わりを研究するものだった。日本人の国民性や、その時代背景、恋心などを深く分析することで、人には様々な感情があり、今も昔も人の感情は根本的に変化がないのだと知ることができた。卒業後、現在の旅行会社に

営業マンとして入社し、社会人生活をスタートさせた。働き始めた若いころは売上げだけを追い求め、お客様の気持ちを考えない時代があった。売上げも伸びず悩んでいたAさんは学生時代の卒業論文を思い出した。原点に戻り人には感情があり、その価値観は十人十色、一方的な営業ではお客さんは振り向いてくれないと、まずはお客さんの求めていることを誠実に聴くことに注力した。考えを改めて以降は純粋に仕事を楽しめるようになり、売上げも上がっていった。

その後、人事部長となり、社員教育にも携わるようになり、「人の気持ちを汲み取る大切さ」はお客様だけでなく同僚にも大切であると感じ、研修会ではその考えを社員に徹底するようになったとのこと。

卒業論文を提出するまでの一連の流れを苦痛と感じる学生も少なくないと思いますが、みなさんの卒業後の社会に役立つ経験がたくさん盛り込まれています。

卒業論文ではそのテーマを証明する説得力が必要であり、文章を書き上げる力や、人物研究では人の気持ちを汲み取る力を身につけることもできます。指導教員との口頭試問では、緊張のなか、書き上げた内容を自分の言葉で説明することとなり、プレゼンテーションの力も身につきます。このように卒業論文は気づかないうちに社会人として必要な能力を身につけています。

卒業後、「これを研究しました！」と胸を張って言えるよう、納得のできる論文を完成させて、社会に飛び立ってほしいと思います。その頑張ったプロセスは大きな自信につながり、将来の仕事でもきっと役に立ちますよ。

〈Case4〉卒業論文"あるある"

卒業論文を提出することで身につくことを紹介してきましたが、その他に

◎卒業論文は社会で「輝く」ためのビッグチャンス

もたくさん身につくことがあります。一部ですが、ご紹介します。どれも社会で仕事を進めるうえで求められることばかりです。「卒業論文はイヤだなー」と思っている学生のみなさん、その経験は社会で「輝く」ビッグチャンスですよ！

・問題点の明確化

　卒業論文の題目を設定する時「何が問題なのか、研究史を押さえた上で、問題点を明らかにすること」を課題として出される場合があります。仕事においても、お客様や取引先の要望（問題点）や過去の実績などが明らかになっていないと"どんなに素晴らしい提案"であったとしても意味がなくなってしまいます。

・視野を広く持つ

　卒業論文の調査・分析について、「他の可能性の検討はしたか。もっと多角的な分析が必要」と指導教員から指摘されることがあります。仕事においても状況に甘んじるのではなく、常に多角的な視点で、行動することが求められます。調査、分析は商品を提案したり、新規企画を立ち上げる際に大切な要素であり、説得力が出てきます。

・置かれている状況を常に整理する

　ゼミでは学生が指導教員に研究の経過報告をすることがあります。「現在どのような問題を扱い、どこまでが研究調査済みであり、今後どのようなことを調査していくのか？」とその進捗を口頭で説明する機会もあります。また、その報告の内容次第では指導教員から、研究のやり直しを言われることもあります。仕事においても、発注された商品が現在どの程度完成しているのか、納期は守れるかなど、仕事の進捗を理解し、常にお客様に説明できるように準備しておく必要があります。

・相手にいかにわかりやすく伝えるか
　卒業論文では調査・情報収集したことを文章に起こし、さらに口頭試問では指導教員へ自分の言葉で説明をしなくてはいけません。調査する、研究する能力だけが問われるのではなく、情報を持たない「読み手」や「聞き手」にもわかりやすく提示できることも求められます。
　仕事においても、お客さんに対して、難しい言葉を並べ商品説明をしてもわかってもらえないことがあります。企画書を書くことがあれば、何を伝えたいのか、どんな効果があるのか、端的に表現することも求められます。「読み手」や「聞き手」の心に伝わる文章でないといけません。

〈まとめ〉
・物事をあらゆる角度から深く考察する経験ができます。
・身についた文章力は書類が飛び交う仕事でも生かせます。
・考えを言葉で伝える口頭試問は仕事のプレゼンにも繋がります。
・身についた分析力はお客様への営業や企画で生かせます。
・卒業論文を書き上げた成功体験は大きな自信となります。

第2章　課外活動

◎部活動やサークルに入ると良いことあるの？

　大学の部活動やサークルは目標に向け仲間と共に走り抜ける「青春の1ページ」です。また、これまでの高校時代とは違い、たくさんの人と出会い、社会と接することが大きく増えます。学生は日々の練習に励み大会などに参加する一方で、その団体の組織運営に携わったり、合宿の手配などで旅行会社とやり取りをすることもあるでしょう。そのような経験はその後の就職活動での仕事選びや、社会生活でも大いに役立ちます。

・規律（ルール）を守る大切さを学べます。
　社会には規律があります。取引先との面会時間や商品の納期を守ること、就業時間などはすべて規律（ルール）です。社会生活において、それを逸脱した場合には"信頼関係"を損ない、会社の業績などに致命的な影響を及ぼします。規律を守ることはごくあたり前のことですが、とても重要なことなのです。部活動やサークルも社会組織と同じく団体行動です。規模は違いますが社会の縮図であるといえます。試合会場に遅れた場合は部員に迷惑をかけるだけでなく、相手チームにも影響が出ます。仕事において同じことをした場合は取り返しのつかない大変な事態となります。

・組織を学び、相手を思いやる気持ちが育ちます。
　部活動やサークルには多くの部員が在籍しており、性格や能力は十人十色です。そのような中、チームとしての団結力が求められます。ひとりよがりなプレースタイルや考え方だけでは、そのチームが成り立ちません。つまり人は様々な性格を持ち、その人々の集まりが組織であることを認識します。大会などで好成績を目指す一方で、組織には自分に合う人とそうでない人がいることに気づき、自分の性格や考え方を見つめなおす場面にも遭遇します。社会での組織活動と同じ経験を部活動やサークルで学ぶことができるのです。

・自分に合った仕事を見つけられる？
　大学での部活動やサークルは高校時代の部活動と違い、活動範囲が大きく広がります。また、その団体にもよりますが、部員が部費を管理するなど主体的に運営を任されることもあります。経理担当になれば、部費の管理や備品の購入にかかわることもあるでしょう。実は知らず知らずのうちに様々な職種を経験しているのです。その経験が、自分の中に眠っていた興味関心を引き出し、その後の仕事選びに役立ちます。

・成功体験（失敗体験）が「一歩踏み出す力」を引き出します。
　部活動やサークルではリーグ戦に参加したり、文化祭や展示会に作品を出展したりと大きな目標に向かって活動します。個人としても技術的、精神的に向上を目指すなかで、大きな壁にも遭遇するでしょう。その壁を克服するためにチームや個人で練習メニューを工夫したり、部員で話し合いを繰り返します。不安の中、もがき苦しんだ挑戦は、結果につながらなくとも、その後の"あなた"にとって貴重な経験となります。社会人となると、仕事のやりがいは多いにありますが、立ちはだかる壁も止めどなく現れ、失敗体験の連続になります。ベテラン社会人でも、経験したことのない取引先との仕事

や、部署異動で新しい仕事を突然担当することもあります。学生時代の壁を乗り越えようと挑戦した経験は社会人になっても十分生かされます。会社でのノルマが達成できないとき、嫌いな上司にプレゼンテーションしなくてはいけないとき、身につけた「一歩踏み出す力」があなたを助けてくれるはずです。

・"納得できないこと"を言われることも、学びの場です。
　部活動やサークルの長い活動の中では、自分にとって"納得できないこと"を先輩から言われることが時にあります。たとえ先輩であっても腹が立つこともあります。これは社会に出ても同様で、特にお客様、上司、同僚との接点において、自分の中で消化できない感情もしばしば登場します。

　そんな時はどうすれば良いのでしょうか？

　　＊まわりの人に相談する。
　　　友人やご家族、学生時代の恩師などに自分の悩みを話す習慣をつけましょう。悩みを人に相談することも仕事の能力の一つです。悩みをひとりで抱え込み、些細なきっかけで退職してしまうのは今後のキャリアを考えても大変もったいないことです。まわりの人に相談しただけで、自分の気持ちを整理でき、その悩みが解消されることもたくさんあります。

　　＊辛い感情を整理する。
　　　一晩寝れば昨日までのストレスを忘れてしまう人もいます。うらやましいです。ストレスなどが重なり、その感情を引きずると自身の仕事全般に影響が出ますので、辛い感情を"スッ"と抜けることが理想です。とはいえ、実際には難しく、感情を引きずることがしばしばあ

ります……。そのような時は今の気持ちをノートに書き出すなど自分の感情と向き合ってみると良いでしょう。どうして自分（相手）はそう思うのか？など感情の背景にあるものを"見える化"すると"スッ"と気持ちが落ち着くこともあります。ノートに書く以外にも携帯電話のメモ機能に記録しても良いでしょう。さらに言えば、その感情を毎日とは言いませんが、何度か見返し、自分の内面に落とし込んでいくことも大切だと思います。

＊その感情を自分で振り返ってみる。
　大学の先輩や上司から言われた納得できないことは、自分の感情において納得できないだけのときもあります。所属する部活動やサークル、または会社において、先輩や上司はその人の成長を考え、あえて厳しい言葉や指示を伝えていることもあります。また、自分の思いどおりにいかないことに感情が溢れ出ているだけの時もあり、自分の感情と向き合ってみることも大切です。

　私も偉そうに言っておりますが、自分の感情をコントロールできないこともあります。そう簡単に自分の感情はコントロールできません。前述のことはあくまで参考であり、本当に辛い時は何をしても改善されません。感情は引きずりますし、それが本来の姿だと思います。
　ただ、社会に出ると自分にとって消化できない感情がたくさん湧き出ます。その感情を少しでも自分でコントロールできるよう大学時代に免疫をつけておいて欲しいのです。部活動やサークルなどの組織に所属することで、その体験などから免疫を身につけることができるのです。

◎部活動やサークルに入ると良いことあるの？

　このように学生生活で経験する部活動やサークルでの経験は、社会に出ても役立つことがたくさんあります。日々の授業も大切ですが、部活動やサークルでは挑戦することの素晴らしさや、組織運営の難しさを学ぶことができます。もちろん、部活動やサークルでしか経験できないことではありません。ぜひボランティアなども含めた課外活動で組織に所属し、社会に出ても役立つ経験をして欲しいと思います。

【参考】
　私が担当した学生でも就職してすぐに退職するケースがありました。最も多い退職理由が人間関係です。その退職した卒業生の多くがその悩みを「まわりの人に相談」できていません。自分で悩み抱え込んだ末の退職です。会社組織の一員として働くと、部署異動やその同僚、取引先との関係において、大きな壁に悩むことが日常的に出てきます。就職活動で希望する企業に入れたとしても必ず壁が出てきます。その壁への向き合い方こそがキャリアを考えるうえで最も大切なことかもしれません。

〈まとめ〉
・規律（ルール）を守る大切さを学べます。
・組織を学び、相手を思いやる気持ちが育ちます。
・自分に合った仕事を見つけられることもあります。
・"納得できないこと"を言われることも、学びの場です。
・成功体験が「一歩踏み出す力」を引き出します。
・失敗体験も成功体験です！

◎アルバイトは将来のキャリア形成に役立つ？

　学生時代に経験するアルバイト、これもまた青春の1ページです。すでに高校生のころからアルバイトを始めている人もいるでしょう。アルバイトはお金を稼ぐことと思っている学生も多いかもしれませんが、将来のキャリア形成に役立つこともたくさんあります。

・「働くこと」を知ることができます
　アルバイトにはたくさんの種類があります。コンビニや飲食店、洋服店や引越しなど様々な業界があります。また、レジでの現金のやり取りや商品を販売するなど、多くの"職種"も経験できます。今まで経験のなかったことをお給料をもらいながら経験することができます。その後の就職活動での仕事選びに役立ちます。

・自分の適性を知ることができます
　アルバイトの仕事内容は社員と比べると限定的ではありますが、学生にとってはこれまで経験したことがない仕事ができます。その中で「好きな仕事」と「苦手な仕事」がなんとなくわかってきます。同じ店舗で働くアルバイト店員であっても"お客さんとの会話"が好きな人もいれば、"掃除をする仕事"や"レジなどの事務仕事"が好きな人もいます。つまり働きながら「自分の適性」を知ることができます。

・連携して仕事をする大切さを学べます。
　仕事は一人ではできません。アルバイトであっても与えられた役割のもとスタッフと情報を共有し、連携しながら仕事をすることが求められます。また、許容範囲を越えた仕事を突然任された時は他のスタッフに協力をお願い

することもあります。仕事は自分一人で完結させるわけではなく、まわりのスタッフと連携して進めていくことが必須となります。つまりアルバイトでは規模は小さいながらも仕事で求められる基本事項を学ぶことができます。

・お給料をもらえます

　当然ですが、働いた分だけ「お給料」をもらえます。その使い方は部活動やサークルの合宿費にあてる学生もいれば、自分の趣味や生活費、学費にあてる学生もいるでしょう。

　働いた対価を感じる良い機会ですし、そのお給料を自分の成長に投資することもできます。展覧会に行ったり、習い事を始めたり、友人との旅行など、自分を磨くチャンスですので、働いたお金を上手に使って欲しいです。若いころの感性はとても豊かです。"その時にしか感じることができないこと"や"その時にしか経験できないこと"がたくさんあります。

・働く社会人と出会うことができます

　アルバイト先にはその会社の社員が働いています。その社員からは、仕事だけでなくマナーや礼儀なども教えてもらえます。あまり働かない「ぐーたら社員」や、仕事にまじめな「てきぱき社員」にも出会います。そのように社員と身近に接することで、会社の"営業方針"や"やりがい"、"会社の福利厚生"などを理解することもできます。"こんな社会人になりたい"と思える人と出会えれば、その後の就職活動にも"自分の将来像"を考えるうえで参考になるでしょう。

・相手を思いやる気持ちと礼儀、マナーを学べます
　特に販売などのお客さんと接点のあるアルバイトであれば、しっかりとした礼儀、マナーが求められます。お客さんにとってはアルバイトも社員も見分けがつきませんから、アルバイトであってもその接し方が悪い場合は会社の評価に大きく影響します。
　仕事での礼儀、マナーは「演技すること」ではありません。相手（お客）を思いやる気持ちが行動に現れるものです。この考え方はどんな会社に勤めても必要なことです。

・学生の本業を忘れないこと
　わたしが就職相談などを担当していた学生の中にアルバイトに熱中しすぎたあまり、授業に出席できず留年した学生がいます。就職活動も熱心に取り組んでいましたが、留年のため企業から受けた内定を辞退することとなりました。就職は卒業があってのものです。アルバイトを通じて学べることも多いのですが、卒業に向け、しっかりと授業に出席して単位を修得しましょう。

〈Case5〉若かったなぁー……
　少し古いですが、20数年前の私のアルバイト体験談を紹介します。
　私は大学時代、カラオケボックス、桃狩りの短期アルバイト、塾講師、家庭教師、ケーキ配達のアルバイトを経験しました。どのアルバイトも成功体験もありましたが大きな失敗もたくさんありました。一喜一憂しながら自分自身が成長していたように思います。

　私にとって初めてのアルバイトは二子玉川のカラオケ店でした。入学してすぐ4月に募集広告をみて応募しました。三重県から上京したばかりでしたので、都会の人と話すことがまだ緊張する時期で特に面接では大変緊張しま

した。

　仕事内容はお客さんをお部屋へ案内すること、食事などの注文を電話で受けてお部屋に持っていくこと、利用後の部屋の掃除、皿洗い、レジ対応、お米を炊くことが主な仕事でした。仕事初日はエプロンのようなユニホームをもらい初めてのアルバイトに「ついに大人になるんだな。」と緊張で足が浮いてしまいました。失敗談は数多く、運んでいたドリンクを床に落としてしまい、お客様の洋服にかかってしまったこともありました。強く叱られ、ひたすら謝りました。また、お客様へキャンペーンの説明をすることもありましたが、はじめは全く話すことができませんでした。

　"かけがえのない出会い"もありました。当時一緒に働いていた他大学の先輩は、卒業論文や就職活動の話をしてくれました。仕事もしっかりとできた先輩はとても大きく感じました。

〈まとめ〉
　アルバイトをすると……
・働く経験ができます。
・自分の適性を知り、興味のある仕事に出会えることも。
・お給料をもらえます。有効活用して自分を磨けます。
・人との出会いに刺激を受けます。
・相手を思いやる気持ちと礼儀、マナーを学べます。

◎"おとな"と話すことは面倒くさい？

学生生活では様々な人に出会います。そのほとんどが同じ授業をとっている学生や部活動、サークルでの同世代です。今の大学生はアルバイトやボランティア、インターンシップなどの場面で自身と異なる世代と交流できるチャンスがありながらそれを避けているように感じます。当然ですが、社会に出て仕事をすると取引先や会社の同僚は異なる世代だらけです。ぜひ大学時代には自分とは価値観や経験が異なる世代の人たちと出会い交流して欲しいです。きっとその経験が卒業後の社会生活に生かされる時が来るはずです。

〈Case6〉働いている人って、すごいなぁ……
　Bさんは大学に入学したら社会人の管弦楽団に入部し、多くの大会に参加して技術向上を目指そうと考えていた。Bさんは技術を学ぶだけのつもりであったが、活動を続けるなかで、メンバーである社会人の責任ある行動や考え方に触れることができた。また、メンバーが勤める会社の仕事内容を聞く機会もあり、営業職や事務職がどんなものか、またその「やりがい」についても聞くことができた。これまで働くイメージがついていなかったBさんにとって、それは貴重な経験であり、その後の就職活動にも大きく影響した。
　Bさんの所属する管弦楽団のメンバーは仕事をしながら参加しており、限られた時間で自主練習をして発表会にはきっちりとマスターしてくる。そのような社会人の責任ある行動に触れ、Bさんは「働いている人って、すごい

なぁ……。」と刺激を受け、自身の就職活動においても、その姿勢を見習うこととした。企業の選考では人事部からのメールをいち早く丁寧に返信し、また、履歴書などを郵送する際には同封した添え状に企業説明会でお世話になった感謝の気持ち文章に入れた。その「対応の速さ」や「人を思いやる気持ち」が人事担当者の評価の一つになり、Ｂさんは内定をもらうこととなった。

　このように、異なる世代との交流が自身の考え方を広げるきっかけになり、あらゆる場面でその経験が生きてきます。学生と社会人との意識の違いを知る機会になりますし、逆に仕事に疲れた社会人に出会い、辛い現実を知ることもあるでしょう。

〈Case7〉上司と飲み会には参加したくない？
　パソコン部品メーカーの営業として働くＣくんは入社して５年目のサラリーマン。入社時よりも担当するお客様が増え、仕事への自信もついてきた。しかし、最近、営業成績が伸び悩み、部署の先輩からはそのことで厳しく指導され、顔も合わせたく無いほどになっていた。日々残業も多く、妻とひとり娘もいて、家族を守るためには簡単に仕事を辞めるわけにもいかず、精神的に落ち込んでいた。
　そんなある日、他部署の50代部長が飲み行こうと誘ってくれた。その部長は「過去の武勇伝しか話さない」という噂があり、自分も忙しいので、できれば仕事の整理をしたいし、少しでも疲れた体を休めたい気持ちだった。実際に飲み会が始まるとやはり部長の武勇伝が始まった。「今の若い社員は……。」「俺は昔……。」など全く止まる気配がない。Ｃくんは「ああ、やっぱりか…。」と思った。
　しかし、部長がＣくんと同じ世代だった頃の話になった時、驚くことに今のＣくんと同じ悩みを持っていたことがわかった。昭和を駆け抜けた先

輩たちは時代背景も違うし、同じ悩みを持つことはなかっただろう、乱暴な言い方をすれば「何も悩むことなくこれまで過ごしてきたのだろう」と思っていた。突然部長が身近に感じ、Cくんは今悩んでいることを部長に話し始めた。人の話を聞かないことで有名な部長が思いのほか聞き役にまわってくれた。Cくんは思いのたけを部長に話し、部長からも当時悩んでいた頃の気持ちやその改善策を話してくれた。Cくんは気持ちが楽になり、抜け出せなかった暗闇に光が差した気がした。

　このように会社の先輩たちは「面倒くさい大人たち」ではなく「経験豊富な先駆者たち」なのです。今と昔では悩むポイントが違うかもしれませんが、上司も若手社員も共通する悩みは多いはずです。異なる世代と接することで自分の置かれた状況を改善できることもありますし、仕事への取り組み方など刺激を受けることもあります。また、その会社において、過去のお客様や取引先との関係性も知ることができますし、貴重なお話ばかりです。
　「謙虚に先輩の話を聞く」、その姿勢は自分自身のキャリアにきっと良い影響を与えるはずです。

〈まとめ〉
・仕事での取引先や配属部署の同僚は異なる世代だらけです。
・自分と価値観や経験が異なる世代の人たちと話そう。
・会社の先輩たちは経験豊富な先駆者たち
・謙虚に先輩から学びましょう。

◎学生時代の友人は大切に

　大学時代の交友関係は高校時代と比較して、より「卒業後のキャリアに影響する関係」です。部活動やサークルでは社会人であるOBやOGと出会い刺激を受け、学部の友人とは食事やお酒を飲みに行くこともあるでしょう。また、就職活動について励まし合ったり、恋愛の話をしたり……。つまり、就職など「人生の大きな岐路」である時期に出会う友人です。そして、卒業後は仕事の愚痴を聞いてくれる友人ともなるでしょう。特に就職して間もなくは覚えることが多いうえ、先輩に気を使うなど精神的にも消耗する時期です。自分の辛いことを話せる友人の存在は今後のキャリアを考えた時、大きなプラスに働きます。さらに、働き始めたのち、その友人の会社と仕事のパートナーとなり、あなたを助けてくれることもあるでしょう。

〈Case8〉D先生、ご紹介いただきありがとうございます。
　わたしはキャリアセンター主催の「業界職種研究講座」にお招きする企業選びに頭を悩ませていた。本学学生に人気がある広告業界の講師を招きたいと新企画を考えたものの、該当する講師が思い浮かばない。キャリアセン

ターの所長であるD先生に相談したところ、先生の出身大学で同じゼミであった広告代理店のEさんを紹介してくれることとなった。これまで学生が就職したことのない企業であったが、快く引き受けてくださった。講座は大好評で終了し、その後Eさんを交え、近くのお寿司屋さんで食事をした。そこではD先生とEさんの大学生時代の話しとなり大いに盛り上がった。大学教員、広告代理店社員とはいえ学生時代はみな同じ、その内容は今の学生と共通する話しばかり。アルバイト、恋愛、ゼミ、……。当時を振り返り、学生時代のようにお話をするおふたりの様子を拝見し、わたしも心が温かくなりました。

　このように卒業後も学生時代の関係は意外に深いのです。卒業してから30年以上が経ち、一緒に仕事をするとは学生時代のおふたりも思っていなかったはずです。

　学生時代の貴重な時間を共に過ごした友人と社会人となった後にできた友人とは意味合いが変わります。しがらみなく会話ができる友人は人生（キャリア）における様々なターニングポイントでお互いを助け合うと思います。

　大学時代（学生時代）の友人を大切にしましょう。

〈まとめ〉
・「人生の大きな岐路」に出会った友人を大切に
・卒業後も仕事の愚痴をお互い話し合える関係になります。
・卒業後、友人と仕事のパートナーになる可能性もあります。

第3章　就職活動

◎就職活動って？

　学生の皆さんは就職活動についてどのように思っているのでしょうか？「できればやりたくない。」、「決まらなかったらどうしよう。」と思う学生も多いでしょう。わたしもこれまで学生と就職活動にかかわってきた経験から、内定を獲得することは決して簡単なことではないと感じています。しかし、見方を変えれば就職活動は将来の自分にとってかけがえのない経験になります。

・就職活動のスケジュール
　　＊就職情報サイト（マイナビやリクナビなど）の登録
　　　↓
　　＊学内就職支援行事への参加、自己分析、業界職種・企業研究
　　　↓
　　＊就職活動解禁、企業説明会への参加
　　　↓
　　＊履歴書、エントリーシートの提出、筆記試験の受験
　　　↓
　　＊1次、2次面接、グループディスカッションなど
　　　↓
　　＊内定

・就職情報サイトとは？

　マイナビやリクナビに代表される就職情報サイトはいまや就職活動には欠かせないものです。学生は就職情報サイトを通じ企業説明会や面接の申込み予約をすることができ、また、今では、適性診断や筆記試験対策などあらゆるコンテンツが盛り込まれており、選考結果までも受け取ることができます。そのため就職活動を開始するにはまずは就職情報サイトに登録することから始まります。（※全ての企業が就職情報サイトに登録されているわけではありません）

・学内就職支援行事に参加する

　各大学では就職活動のための対策講座を実施しています。就職活動の全容を伝える講座や履歴書書き方講座、面接対策講座などが主な講座です。また、企業の人事担当者を招いた業界職種研究講座や、内定を獲得した先輩たちが体験談を発表してくれる講座などもあります。就職活動に挑戦するうえで有益な情報が満載ですので、参加することは必須です。

・「自分を知る」（自己分析）と「相手を知る」（業界・職種・企業研究）

　就職活動での企業を選ぶまでのプロセスをお伝えします。第一段階として、「自分はどのような性格でどのような能力を持っているのか、働くことについて、どのような興味関心があるのか。」（自分を知る）を考えます。第2段階として、それを実現するためにどんな企業があるのかを情報収集（相手を知る）します。その両方が分析調査できたときに志望する企業が見つかります。

・履歴書、エントリーシートを作成する

　履歴書やエントリーシートは企業によって提出時期が異なりますが、企業説明会が終わったのちに提出することが多いです。いわゆる書類選考です。履歴書は各大学で作成しており、就職活動ではその専用履歴書を利用してください。大学によって項目内容（志望動機や趣味、自己PRなど）は異なりま

す。エントリーシートは企業が独自に項目内容を設定している履歴書と思っていただければわかりやすいと思います。履歴書だけを提出させる企業もあれば、両方提出させる企業もあります。

・面接試験について

　書類選考が通過した後は面接試験になります。面接試験は個別面接と集団面接（平均3～5名）があります。内定までの平均回数は2～3回です。そのほか、グループディスカッションという選考方法も多く行われています。一つのテーマをグループで討議させ、協調性や論理的思考力、コミュニケーション力などを主な評価基準としています。

・学生にとって苦手な履歴書と面接は将来の仕事で役に立つ

　これまで説明したように就職活動では履歴書やエントリーシートに代表される書類選考と面接試験があります。各大学のキャリアセンターでその対策講座も実施していますが、学生にとっては苦手意識が強いものです。

　しかし、就職活動で苦労して書き上げた履歴書、緊張のなか自分の思いを伝える面接試験は将来の仕事においても大いに役立ちます。就職活動では内定を獲得することに注目が集まりますが、その経験は無駄なく将来の仕事に生かされます。

　履歴書やエントリーシートは自分のことを具体的に文章として表現するため、完成までには時間がかかります。また、卒業論文など日頃の学生生活と並行して就職活動を行うため、限られた時間で書き上げる必要があります。受験する企業が複数になれば、さらに集中力が求められ、実は気づかないうちに文章力が身についています。仕事においては会議での議事録作成や、業務報告書、新商品の企画書作成などに役立ちます。

面接試験では、企業の担当者から何を質問されるかわかりません。しかも集団面接の場合は他大学の学生と一緒であり、限られた時間内に端的に質問に答えていかなくてはいけません。この経験は社会に出て、取引先へ営業をする時、上司に業務報告をする時、会議で発言する時などに生きてきます。"いずれ社会で経験すること"と考えれば、面接試験の練習をするにも実際の選考を受けるにも将来への投資、研修だと見方を変えることができ、苦手意識のある学生も前向きに捉えることができるのではないでしょうか。

　就職活動の経験は将来のあなたへの投資経験になります。社会人研修期間とも言えますね。

〈Case9〉Fくん。就職活動での文章経験が仕事の武器に
　Fくんは入社して5年、文房具メーカーの営業をしている。このごろは担当する取引先も増え、毎日忙しい日々を過ごしている。営業はお客様への対応の速さが信頼関係につながるため、新規提案や、ご要望に対する回答については細心の注意を払っている。日頃の仕事ではメールのやり取りは1日に30件以上、それに加え、電話対応、見積書、請求書作成、ミーティング資料作成など短時間で迅速に業務をこなすことが求められている。さらに入社して5年目の今年は主任に昇格し、部下への指導にも時間を割いている。営業として数字を残すためには限られた時間でお客様へ的確に対応を行い、それに必要な書類を迅速に作成することが求められます。また、主任となったことで企画会議にも参加するようになり、新規商品の紹介文章や次年度予算に関する業務計画書などの作成も任された。Fくんは就職活動では30社以上の応募書類を提出し、履歴書に加え、エントリーシートでは複雑な質問項目にも対応し、自分の伝えたいことを書き上げてきた。読み手にも気を使い、きれいな字で起承転結に気をつけた。まさに文章力が鍛えられた。当時は書類選考が通過しないことも多く、なかなか結果がでず「面倒くさいなあ…。」

と感じていた。しかし、今となってはその経験が生かされて、仕事を滞らせない一助になっている。

　企業では企画書やメール、お礼状や会社の規約や規程、予算にかかわる次年度に向けた業務計画書、など書類が飛び交います。就職活動では多くの文章を書きますが、企業では限られた時間の中で文章を作成することとなります。ただ文章が書ける、説明できる、だけではなく、"お客様の意向や上司の意向を汲み取った資料かどうか"が問われます。営業職であれ事務職であれ、作成した資料は、会社の信用に関わるばかりでなく、時には会社の存続に関わる大切な資料となることもあります。

〈Case10〉Gくん、大一番！会社を代表するプレゼンテーション！
　制服を製造し販売する会社に就職したGくんは入社2年目、営業を担当している。Gくんは担当しているエリアの大学附属病院や企業に自社の白衣や制服を納品している。ある時、取引先の大手企業より「社員の制服を一新したいのでプレゼンテーションをしてくれないか？」と依頼があった。Gくんは入社して2年目ではあったが、上司から日頃の頑張る姿勢を見込まれたのである。Gくんが同業他社と混じり会社を代表してプレゼンテーションするのである。「2年目の自分がうまくできるかなあ？」と会社の損益にかかわる大仕事に"胃がキュッと締めつけられる気持ち"になった。
　そんなとき、Gくんは就職活動の面接試験を思い出した。当時は面接対策として、面接官の質問に素直に向き合うことを心掛け、企業研究も同業他社と比較もしてノートにもまとめた。電車の中でも自己PRの題材が頭に浮かべば携帯電話に書き込むなど、徹底した情報収集や分析をしていた。Gくんは当時の就職活動と今回のプレゼンテーションを重ね合わせた。緊張はするが当時のようにしっかりとした準備をすれば臆することなく面接試験に挑戦できたように、自社商品の特徴を分析し、先方の企業にどのように意味があ

るのか、また他社とのサービスの違いもしっかり伝えられるように準備した。

　結果は残念ながら大手ライバル会社に負けてしまったが、その内容が評価され、グループ会社の制服の新規発注を後日いただくこととなった。

　このように、就職活動の経験は卒業後のキャリア形成に影響します。文章を書くことや人前で話すことはどんな会社、またはどんな職種（事務職も含む）であっても必須です。履歴書で自己PRを苦しみながら書き上げたことや面接試験で頭が真っ白になる経験は卒業後の仕事に役立つ経験になります。
　Gくんの就職活動の経験もまさに「将来の自分への投資」だったということですね。

〈まとめ〉
・就職活動は「なりたい自分」に近づくビッグチャンス！
・就職活動は「自分を知る」と「相手を知る」の2本立て
・履歴書などで身につけた文章力は仕事での強い武器になる
・面接の経験はプレゼンテーションや営業など仕事に直結する経験
・学内就職支援行事には参加すること

◎やりたい仕事が見つからない。

　わたしが学生と就職面談をしている中で一番多い相談が「やりたい仕事が見つからない。」、「志望先が決められない。」というものです。
　どのようにすればやりたい仕事が見つかるのでしょうか？

〈Case11〉なにから手をつけて良いのやら……。
　Hさんは友人が就職活動を始めており、「自分もそろそろ準備しなくては……。」とキャリアセンターに相談に来てくれた。「インターンシップも参加していないし、アルバイトも郵便局での短期アルバイトのみです。もう不安で……。」Hさんは就職活動でアピールできるものはないと思い込み、就職活動には後ろ向きだった。就職面談では、「少しでも興味のある企業があれば、説明会に参加して、会社のことや職種のお話を聞きに行こう。」さらに「並行して履歴書作成を進めよう。」と話した。Hさんは私の提案に渋々「まずは行動してみるか……。」と重い腰をあげた。

　リクルートスーツを着て電車に乗り、都内の説明会に参加したHさんは会場で新入社員の体験談を聞くことができた。苦手と思っていた営業にも様々な種類があることを知り、自分でも"何かできる"のではないかと感じた。さらに会場では他大学の学生とも友達になり、自身と同じ悩みに触れ、「辛いのは私だけでない。」と思った。

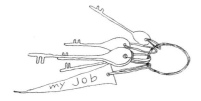

　Hさんは履歴書作成でもうまく自分を表現することができなかった。「枠内に収めようとせず、下手な文章でも、思いつくことをすべて書き出してみよ

う。」という助言の下、Hさんは自分の興味関心や、やってみたい仕事について、とにかく多くの事を文章に書きだし、自分の中の「もやもや」を整理していった。そうしていくうちに身近な生活の中でも自分らしい行動ややりがいが見つかり、それが自己PRや志望動機などの履歴書作成につながった。

　その後、Hさんも"就職活動の流れ"や"企業研究の方法"、"履歴書作成の大枠"をつかむことができ、徐々に自信がつき、肩の力が次第に抜けてきた。そのころから私と会うたびに「やってみたい仕事」について自ら話すようになった。

　このように、行動することが新たな展開を生みます。就職活動で「やりたい仕事が見つからない」と話す学生は不安が先行して行動に移せていない場合が多いのです。悩みをキャリアセンターで相談したり、説明会に参加するなど行動を起こし、その行動から得た「気づき」を自身のエネルギーに変えていって欲しいです。

〈Case12〉社会人も不安な時があります。
　ガス商社で働くIさん、入社して3年目で人事担当者となり、大学生の採用を任されることになった。会社として採用枠を増やす方向が決まり異動したばかりのIさんに新卒の人材確保が託された。「どうやって採用すればよいのか…不安だなぁ…。」と思ったIさんは「まずは一歩踏み出しキャリアセンターの方とお会いしよう……。」と考えた。そして緊張した声でキャリアセンターにお電話をいただき後日面会することとなった。Iさんの会社は横須賀地域に住んでいる学生をターゲットにしており、また、英語が使える学生を必要としていたが、偶然にも、そのころ私が担当していた学生がその条件に該当した。採用までには至らなかったが、結果的にはその企業の説明会には本学学生が複数名参加することとなった。

◎やりたい仕事が見つからない。

　心配なことや不安なことがあったとしても、まず行動してみることによって、思いがけない情報を得ることがあります。それが自分の視野を広げるばかりでなく、自身を助けてくれることもあるのです。あれやこれやと心配しすぎて立ち止まるよりも、事前準備はしながらも、Ｉさんのように「まずは行動してみる」、「現場に行く」ことが新しい展開を生み、自身を助けることとなります……。就職活動のみならず、ぜひ社会人になってからも"一歩踏み出すこと"心掛けて欲しいと思います。

　状況を打開するには「行動しながら考える」ことがポイントです。

〈まとめ〉
・やりたい仕事が見つからない学生は行動力が不足しがち
・行動することが新たな展開を生みます。
・行動して得た「気づき」を次のエネルギーに変えよう。
・状況を打開するには「行動しながら考える」こと

◎ねぇ、インターンシップ行く？

　インターンシップは学生が夏休みなどの期間を利用して企業等で働く体験をすることです。仕事への理解を深めると同時に、自分の適性に気付くきっかけとなり、就職活動の仕事選びにもとても貴重な経験となります。インターンシップに挑戦することにためらう学生も多いと思いますが、社会経験がない学生時代だからこそ感じることができるものがあります。ぜひ大学生のみなさんにはインターンシップに参加して「なりたい自分」のヒントをつかんで欲しいです。

〈Case13〉これって、会社で緊張するやつ？
　学生生活をぼんやりと過ごしていた大学2年生のJくん、授業のため教室に向かおうとした12月のある日、キャリアセンターが出した一枚の看板が目に止まった。「インターンシップ説明会～あなたも就業体験しよう！」。3年生の夏休みに開催されるインターンシップに向け、学内で説明会を実施するという内容だった。インターンシップという言葉を聞いたことはあるが、そのカタカナの言葉に「これって、会社で緊張するやつ？」と嫌な胸騒ぎがした。
　教室に到着し、すぐさま「インターンシップって何だっけ？」と友人に尋ね、予想どおりの回答に「やっぱり緊張するやつだ……。」と急に気持ちが重くなった。
　就職については"まだまだ先の話"と思っており、2年次でインターンシップについて考えるとは想像もしなかった。
　これまで卒業後の進路については、「早く考えなくては……。」と漠然と思っていたが、自分が「何から考えてよいのか」わからなかったため、意識的に考えることを避けてきた。また、インターンシップの全容がつかめてい

なかったので、「緊張するやつ」というマイナスのイメージから、「面倒だな……。」とも思っていた。

　卒業後の進路や就職活動については、Jくんのように「何から考えてよいのか」がわからない学生が多いのです。また、企業へ出向くという行為が学生にとってハードルが高く、大人との摩擦を嫌い「面倒だな……。」と思うのでしょう。もちろんインターンシップで学びたいと考えている積極的な学生もいますが、参加に戸惑う学生も多いのではないでしょうか。

〈Case14〉一歩踏み出してみる？
　インターンシップ説明会に参加したJくんはわたしのところへ相談に来た。インターンシップに参加したいという気持ちはあるが、一人で企業に行き、初めて会う社員のなかで、経験のない仕事を2週間も経験する……、どうしても挑戦する気持ちが出てこなかった。わたしはJくんの今の気持ちを一緒に整理し、「一歩踏み出すことを優先しよう。」とアドバイスをした。Jくんもいずれやってくる就職活動のことを考え、「きっと同じように緊張するケースが必ずやってくる。」と覚悟し、文房具会社へのインターンシップに参加を決めた。

　Jくんのようにインターンシップの参加をためらう学生がたくさんいます。その多くの学生が初めてのことに「怖い」という感情を持っています。社会においては、「怖い」という感情が常に登場します。その「怖い」をいかにコントロールして前向きに行動できるかが大切になります。当然ですが、どんな人であっても最初からコントロールはできません。全ての人が同じ条件なのです。インターンシップは苦い経験もするでしょう。しかし、社会人で必ず訪れる経験ということであれば「早めに経験しておこう！」、そんな心持ちで良いと思います。

インターンシップでは失敗しても良いのです。むしろそれが目的です。

〈Case15〉敬語使えないんだけど……。
　インターンシップに参加するにあたり、Jくんは敬語が使えないことが心配だった。アルバイトのピザ配達では敬語を使う機会が少なく、インターンシップの期間中に敬語を使えないことで会社に迷惑をかけるのではと心配だった。キャリアセンターではインターンシップに参加する学生を対象に様々な講座を実施しており、Jくんはすがる気持ちで参加した。心配だった敬語の使い方については「マナー・面接講座」に参加し、電話のとり方や、敬語の使い方などの基礎を身につけた。担当アドバイザーからは様々な場面で実践することが重要と聞き、アルバイト先でも積極的にお客様に声を掛けるようにした。また、受入れ企業には履歴書の提出が必要であり、「履歴書講座」にも参加した。提出直前の個別指導では教職員に添削もしてもらい、志望動機や自己PRなど伝えたいことを整理した。また、「インターンシップ直前講座」では他の参加学生とグループ討議をする機会もあり、インターンシップで不安に感じることは共通しているのだと分かった。

　このようにインターンシップは職業体験はもとより、事前準備として履歴書作成や、マナー・面接に触れ、就職活動に必要なことを身につけることができます。

〈Case16〉いよいよインターンシップが始まった。

　Jくんはリクルートスーツに身を包み、電車を乗りつぎ、インターンシップ先の会社に到着した。最初は「どんな言葉で挨拶をすればよいのか……。」、「怖い社員に怒られるのではないか……。」、「失敗してはいけない……。」など緊張は最高潮だった。会社のビルに入り集合場所である担当事務室の扉を開けた。ロッカー室やタイムカードなどの簡単な説明を受けたのち、お世話になる部署の社員に自己紹介をすることとなった。Jくんは人前で話したことが少ないうえ、会社で働く大人たちを前に話すこととなり、やはり言葉が詰まってしまった。半分泣きそうになったJくんだったが、会社の皆さんからは暖かい声をかけてもらい「思い切ってやってほしい。」と励まされた。その後押しのおかげで、緊張から解き放たれ、Jくんは失敗を恐れず挑戦する気持ちになることができた。

　学生が初めて何かに挑戦しようとする時、先ほどお伝えした「怖い」感覚は「自身の失敗」によって生まれる「人との摩擦」に対する恐怖心です。怒られたり、人に迷惑をかけてしまったりなど……。就職活動でも同様です。どうしても足がすくみます。Jくんは最初の挨拶で言葉が詰まるという失敗をしましたが、一歩踏み出し、経験すると、それが自信となりどんなチャレンジにも前向きになります。Jくんが言葉を詰まらせたことは"失敗体験"ではなく今後につながる"成功体験"なのです。

〈Case17〉仕事のイメージが変わる……？

　インターンシップ先では営業の同行が中心であった。お客様に面会のアポイントを取り、質問を想定し資料を用意するなど営業の基本的な経験をすることができた。また、担当部署での事務処理の一部も担当した。「事務職の仕事はひとりで黙々とするもの」とJくんは思っていたが、自分の担当した書類が完成しないと、その案件が前に進まないことがあり、取引先の意向や

納期などから、同僚との連携が必要不可欠であることも知ることができた。Jくんはピザ配達のアルバイトを4年間続けていたが、一度も経験したことがない仕事ばかりだった。

　就職活動での「企業研究」、「業界・職種研究」は就活本やインターネット、キャリアセンターが主催する講座などで知識を深めることができます。しかし、それは情報を収集することにとどまり、インターンシップのように身をもって企業研究ができることは数少ない貴重な体験です。また、スーツを着て、始業時間に遅れないよう電車に乗り、会社に入れば社員の方へ挨拶をする。始業前にもやるべき事務処理もあれば、聞いていない業務を突然依頼されることもあるでしょう。つまり、自分の思い描くとおりに仕事ができないことも学びます。さらに、インターンシップ先の社員同士の人間関係もあることに気づき、組織の現実を見ることもできるでしょう。「海外へは若い時に行くほうがよい」とよく聞きますが、インターンシップもそれに近い経験であると思います。大学生という"感性が豊かな時期"に企業で働くことは、卒業後の社会生活に大きな影響を与えます。

〈Case18〉インターンシップの経験が就職活動で生きるとき
　Jくんはインターンシップを終え、就職活動の準備を始めた。インターンシップで自信を持つことができ、就職活動においても「行動すること」を優先して心掛けた。インターンシップで仕事を体感し、社会人とたくさんの会話を重ねたことで、自分の適性や興味もある程度整理することができていた。文房具会社の営業動向で、「困っているお客さんと対話しながら提案し、お役に立つこと」が自分にとってのやりがいであると気づき、その考えを軸に就職活動の企業選びも始めた。さらに書類選考で必要となる履歴書やエントリーシートはインターンシップの経験が大きく役立った。なにより志望動機は、インターンシップ経験で裏づけられた企業選びであり、説得力が増し

た。面接ではインターンシップ先での営業動向でのお客様との会話などで度胸もついており、自分の気持ちを落ち着いて面接官に伝えることができた。

　インターンシップは就業体験だけではなく、履歴書作成や企業研究など、その後の就職活動にも役立ち、参加していない学生と比べ一歩も二歩も先に進めます。Jくんのように営業の同行や事務仕事を経験することは、これまでになかったことですし、想像を超える緊張があったでしょう。また、仕事は想像以上に多くの人と関わることにも気づきます。つまり、仕事を円滑に進めるには「相手の気持ちを汲み取り行動できるか」が重要となります。お客様との「面会時間を守る」、「納期を守る」、「挨拶をする」は当然のようですが信頼関係を構築する大切な要素です。これまでの学校生活で「挨拶をしましょう」、「時間を守りましょう。」と先生から口酸っぱく言われたと思いますが、それは社会に出たときに大切になるからです。

　インターンシップに参加するとこれまで見えなかったものが見えるようになります。それは長い人生の中でも印象に残る経験であり、自身の成長に繋がる経験です。ぜひとも、参加して「なりたい自分」に近づいてください。経験のすべては「あなたの力」になります。

〈まとめ〉
インターンシップとは……?
・仕事への理解を深めることができます。
・就職活動の仕事選びにも役立つ経験となります。
・社会経験が少ない学生時代だからこそ得るものが多いです。
・期間中は失敗しても良いのです。むしろそれが目的です。
・参加に向けた履歴書作成などは就職活動にも役立ちます。
・緊張の中、やり抜いた経験は大きな自信につながります。

◎キャリアセンターに届く求人をねらおう！

　全国の大学にはキャリアセンターが設置され、キャリア形成支援や就職支援をしています。そのような支援に加え、企業から届く求人の斡旋も行っています。近年の就職活動のトレンドは就職サイトを中心としたものですが、大学に届く求人のなかには卒業生が活躍している企業などこれまでの大学と「深いつながり」がある求人票が届いており、その大学の学生を採用したいと考えています。キャリアセンターに届く求人に挑戦することは内定に近づくビッグチャンスでもあります。

・**キャリアセンターには企業の人事担当者が頻繁に来ます。**
　企業は良い人材を確保するために、就職サイトに求人を出したり、ビッグサイトのような大きな会場で開催される合同企業説明会などに参加しています。その他、大学のキャリアセンターと密に連絡を取る企業もあります。企業の人事担当者は新学年の就職活動が開始される時期や追加募集のタイミングでキャリアセンターに求人情報を説明するために来校します。お互いが顔を合わせ、その企業の求人状況やその取り組みを共有することで、キャリアセンターとしてもどうにかして学生を紹介してあげたいという気持ちが生まれます。また、学生がその求人にチャレンジすれば企業側も大学との関係を深めたいこともあり、なんとか内定を出してあげたいという気持ちになります。このように学生の見えないところで大学と企業がつながっています。そのような情報を収集するには大学のキャリアセンターに出向き、アドバイザーに相談してみると良いでしょう。きっと教えてくれますよ。

〈Case19〉Kくん、これはご縁だね。
　病院の事務を希望していたKくんは10以上の病院施設を受験していた。

◎キャリアセンターに届く求人をねらおう！

地方の病院の求人があれば夜行バスに乗って受験に向かうほど病院で働きたい気持ちは強かった。最終面接まで進むものの内定までには至らず、本人も徐々に精神的、肉体的に疲れが出ていた。そんなある時、神奈川県内の病院の人事担当者が、私のところへ電話があり、「あと1名が決まらず困っています。活動中の学生はいますか？」と相談があった。求人票をいただき、本学学生が閲覧できる求人システムに早速アップし、その後Kくんに連絡を取って紹介した。病院事務は学生にとって安定しているという印象もあり応募者が集中する傾向がある。また、採用枠が少ないこともあり、狭き門と言える。Kくんも全力で対策をしてきたが、これまで結果につながらなかった。その病院はこれまで本学に求人を直接持参してくれていた経緯もあり、個別に連絡をくれたわけです。

　実は病院から電話をいただいた時期は4年生の12月が終わろうとしているときでした。病院としてもこれから入職する新入社員のユニホームサイズの確認をしたり、配属部署の調整や仕事用デスクの確保など受け入れ業務で忙しく、1名の採用のために、これまでのような人手や費用をかけることができず、日頃関係がある本学とその他2校に人事担当者が直接声をかけてくれたということです。また、救急指定病院であったこの病院では男性職員は

急患が来た時のタンカーでの搬送や車の運転をする仕事もあります。既に内定を出した学生のほとんどが女子学生ということもあり、あと1名の採用は正直なところ男子学生を採用したかったようです。Kくんのひたむきな姿にわたしも日々感心しており、その病院が第一志望であったため、私からもKくんを推薦したいと人事担当者に伝えました。

その後Kくんはその病院から内定を獲得し、キャリア支援課に挨拶に来てくれました。「Kくん、これはご縁だね。」と彼と固い握手を交わしたことを覚えています。

このような求人の巡り合わせは就職支援をしているとよく遭遇します。これは学生本人が引き寄せます。頑張っているとその巡り合わせを引き寄せるのでしょう。Kくんは現在も就職した病院の窓口受付や救急受付で活躍しています。

〈まとめ〉
・キャリアセンターには企業と「深いつながり」があります。
・公開が限定された求人票もキャリアセンターに届きます。
・キャリアセンターは内定に結びつく情報の宝庫
・ひたむきな学生は企業との良い巡り合わせを引き寄せます。

第4章　社会と会社の人間関係

◎たくさん人はいる

　ご存じのとおり、街を歩いていても電車に乗っていても多くの人が歩いています。一見見慣れた何でもない光景ですが、そこにはみなさんの今後のキャリアを考えるうえで大きな意味をなすことが隠れています。

　「たくさん人はいる」ということです。

　就職活動では一度に何十万人もの学生が内定獲得を目指します。資格取得を目指す場合でも不合格になる人は必ずいます。会社の営業であっても取引先にプレゼンテーションをするのは自分の会社だけでなくライバル会社も契約を勝ち取ろうと全力で挑戦してきます。さらに、会社内にはたくさんの社員がいて、出世するにも同じ世代には「たくさんの人」がいます。

　何を伝えたいかといいますと、自分で努力しないと「なりたい自分」には近づけないのです。何かに挑戦しようとすると、同じ"こころざし"を持った多くの人たちに出会い、簡単にはその挑戦は実を結ばないのです。「たくさん人はいる」とはそういう意味です。

就職活動であっても、社会に出てからもこの原則は変わりません。

〈Case20〉事務職希望のLさん、あせる。
　就職活動の準備をしていなかったLさんは4年生の夏、ゼミの教員に促されキャリアセンターに就職相談に来た。希望する業界や職種は特になかったが、営業職は大変そうなイメージがあったので、事務職を選び就職活動を開始した。就職サイトで「事務」で検索し重い腰をあげて企業説明会へ参加した。そこでは驚くべき光景がLさんを待っていた。説明会には会場を埋め尽くす約200名もの女子大学生が集まっていた。その会場で知り合った女子学生に話を聞くと、Lさんと同じく「営業はできないから事務職」を選んだと話した。みんな同じことを考えるのだとLさんは感じた。一方、会場をよく観察してみると、最前列にはまばたきも惜しむほど集中して人事担当者の話を聞いている学生たちが着席しており、説明会終了後も人事担当者に仕事内容や求められる能力などを積極的に質問していた。その光景を見たLさんは、「漠然と事務職を考えているだけでは内定は勝ち取れない」と感じた。応募した会社の採用枠は1名、「この大人数の中から勝ち抜かなくてはいけない……。」Lさんは焦りました。その後、Lさんは「やみくもに就職活動をするのではなく、自分の実現したいことをしっかり考え、企業選びをしよう！」と考えを改めた。

〈Case21〉事務職で就職したLさんは……
　その後、Lさんは中小企業の事務職として就職した。Lさんは、その会社を受験するにあたり、人事担当者より仕事内容についての情報を収集し、働き方については十分理解しているつもりだった。しかし、働き始めると取引先や外部から毎日電話が鳴りやまず、その仕事内容は多岐にわたっていた。自分の会社の特徴や商品を理解していないと取引先の問い合わせに答えるこ

◎たくさん人はいる。

とができず、その対応次第では会社のイメージを損なうリスクがあり、実際にクレームを受けることもあった。また、営業社員の意向を汲み取り、見積書の作成など書類作成には迅速な対応が求められた。勤務先の支店には関係各社の担当者やその社長が来ることもあり、来客対応で1日が終わることもあった。

会社によって事務職の内容は違いますが、決して人と接しない仕事ではないのです。営業職とは違い外出しないため、同僚との接点も多く、人間模様に触れることもあるでしょう。これから就職活動を控えている皆さん、「営業をしたくないから事務職を目指す」のではなく、その職種の働き方を理解することが必要です。そのためにも説明会だけではなくホームページでの先輩社員の経験談を確認したり、OB・OG訪問を活用して働き方を理解しましょう。

〈まとめ〉
・世の中にはたくさん人がいます。
・挑戦するときは他の挑戦者もいます。
・自分で努力しないと「なりたい自分」には近づけません。
・働き方をしっかり理解したうえで仕事選びをしよう。

◎入社後、希望通りの仕事ができるか？

　就職活動では企業説明会で仕事内容について説明してくれます。企業は良い人材に出会うため必死でその企業の良さについて説明します。会社にとって人材は宝であり、その企業にあった良き人材を集めることで企業の行く末が決まります。そのため、時間が限られた説明会では会社のPRポイントを重視するため、新入社員が4月の入社時に担当する細かな仕事については多くを話してくれません。学生は説明会の話を聞いて期待を膨らませ入社します。しかし、仕事を知らない新入社員の最初の仕事は先輩社員の営業同行であったり、事務ファイルの背表紙をテプラで作成したり、印刷機のトナーを変えたりと説明会では聞いたことのない仕事から始まります。当然ですがベテラン先輩社員と同じ仕事はできないのです。「企画の仕事ができます」と説明を受けたとしても、その商品に関する知識や現場で働いた経験のない新入社員にはそのような仕事はすぐには担当できません。

　入社後、「自分は何をしているのだろう」、「こんなはずではなかった」と思うでしょう。そのようなギャップと遭遇したとき、その自分にとって"つ

まらない仕事"をどのように位置付けるかがその後のキャリア形成にとって重要となります。

　会社は役割分担で仕事をしています。与えられた仕事を精一杯、丁寧にこなすことが次へのステップにつながります。
　会社は新入社員が担当するような雑務をスムーズに処理していかないと成り立ちません。大げさに言えば新入社員が会社を動かす大きな原動力でもあるのです。会社はチームとして動いています。経験を積んだ営業マンが偉いわけでもなく、新入社員が力不足で役に立っていない訳ではありません。それぞれが役割を持っており、胸を張って仕事をしてよいのです。また、自分が上司になった時、部下が同じ仕事をしているところに遭遇するでしょう。自分が先輩や上司になった時、新入社員の気持ちを理解してあげることも大切です。自分が新入社員時代に「どうしてこんな仕事をしているのだろう？」という当時の気持ちはいずれ生かされる時が来ます。どんな経験でも無駄にはなりません。目の前のことを丁寧に、心を込めて、精いっぱい取り組むことが今後につながるのです。

【参考】
・希望通りの仕事ができる時が来るのか？
　「なりたい自分」を描こう！とこれまでお話をしておきながら、このようなことを言うのは心苦しいのですが……。本人の希望通りの仕事が1mmのずれもなく実現できることは会社に勤めている以上ありません。その会社の課長や部長、そして社長になっても同じことが言えます。世の中の仕事は、嫌な仕事も、好きな仕事も混在して成り立っています。

　しかし、100％実現することが難しいにしても、希望する仕事に近づけることはできます。それは希望する仕事の"やりがい"や"目指す価値観"が

何かを理解することに始まります。

　会社の中でいろんな仕事や部署異動を経験するうちに、気づかぬうちに当初希望していた仕事と同じ"やりがい"や"目指す価値観"を感じていることがあります。

　教師になりたかった人は……
　・営業で経験を積み、自信を持って取引先に商品説明をしている。
　・人事課に異動となり新人教育をしている。
　編集者になりたかった人……
　・社内報の編集に携わっている。
　・社内ポスターのキャッチコピーの考案や企画書の校正
　・会社のパンフレット制作に携わり、文章表現を考える。

　働いている会社の仕事環境において自分の"やりがい"や"目指す価値観"にマッチした仕事があるはずです。

　また、40代に近づくと部下も増え、仕事をある程度任されるようになります。自分の感性や努力が形になりやすくなります。若い世代から築いてきた人との交流関係を生かす人、芸術的な感性を生かす人、営業で培った提案力を生かす人など様々です。

　仕事を任されるようになったとき、自分のその武器を十分発揮できるよう、下積み時代からひたむきに努力をすればよいのです。

〈Case22〉エリート就活生Mくん、会社辞めるみたいよ。
　Mくんは一流企業に入社して世界を股にかける商社マンになりたかった。企業研究を抜かりなく行い、履歴書やエントリーシートも万全に準備し、面接の練習も重ねた。プライドの高いMくんは同期の就活生にも負けないように、いち早く内定をもらうことを目標にした。数10社を受験することと

◎入社後、希望通りの仕事ができるか？

なったが、希望していた総合商社へ入社することができた。中東石油プラントに関する部署への配属がMくんの希望であったが、入社後は輸入ワインを扱う部署に配属となった。また、勤務先は本社ではなくワインを保管する埠頭にある倉庫であった。段ボールに詰められたワインを毎日整理し、アルバイトの労務管理やコピー用紙などの発注業務、また、憧れていたビジネススーツでの仕事ではなく作業着での勤務であった。さらに、仕事がわからないMくんは20年勤務しているアルバイトの女性に厳しく指導を受ける、そんな毎日だった。「これは自分のやりたい仕事ではない……」、想像もしなかった環境での業務に自分を適応できず、またその悩みを同僚に相談することもできないまま、入社して半年で辞表を提出し退社してしまった。

　このように、入社後に担当する仕事は様々であり、ベテランになっても異動や転勤などで常に新しいことを経験していきます。自分の希望する仕事はなかなか担当できないものです。その与えられた環境の中で自分を変化させていかないとストレスが溜まりMくんのように入社してすぐ辞めてしまうことになります。担当となったその仕事やその部署の人間関係などを「楽しむ工夫」をしていくことが必要となります。もちろん、自分の「やってみたい仕事」への"こころざし"は持ちながら、会社内での部署異動などでいつかその時が来るまで、必要な資格を取得したり、情報収集をしておけばよいのです。そしてそのチャンスが来た時に一発でしとめるような準備をすればよいのです。

　「やってみたい仕事」の実現に向けて転職をすることも一つの方法ですが、転職しても同じような環境が待ち受けている可能性は高いのです。私も転職を経験しましたが、苦しいことや悩むポイントは次の職場でも変わりませんでした。転職をすることで人生が大きく好転することもありますが、まずは置かれた環境で自分自身を見つめることを優先し、自分の実力をしっかり身

につけていきましょう。

〈まとめ〉
・入社後は理想とする仕事をすぐにできません。
・どんな経験でも無駄にはなりません。
・まずは目の前の仕事を丁寧に、精いっぱい取り組む
・会社には部署異動もあり、その仕事を好きになれる工夫が必要です。
・置かれた環境で目標を実現させよう！

◎会社の人間関係って？

　会社にはたくさんの人がいます。就職活動で内定を得て会社に入社すると、優しい先輩に出会うこともあれば、自分と性格が合わない同僚や、苦手な上司とも遭遇するでしょう。キャリア形成において、仕事に励む以上にその「人間関係をどのように過ごすか」が、大切なポイントになります。もしかすると一番大きな壁になるかもしれません。

　就職活動に臨む若者たちは「なりたい自分」を描き、仕事で活躍する姿を想像するでしょう。しかし、入社してみると、仕事を覚える重圧に加え、上司や同僚との連携、取引先への配慮など、とにかく多くの人と接し、気を遣うばかりで心身ともに疲れます。

　「石の上にも３年」という言葉がありますが、会社に入って３年ほど働くと、今まで気を遣っていた上司とも意思疎通ができるようになり、また、商品知識や担当のお客様も増えます。そうなると自信が出てきて、仕事への"やりがい"を感じてきます。しかし、些細な人間関係により、そのやりがいを感じる前に仕事を辞めてしまうケースがあります。これはキャリア形成にとっては大きな問題です。

　話がそれますが、スポーツ選手などの自伝書籍がたくさん出版されています。プロの世界で大きな壁を乗り越え、その経験で強い精神力を身につけたことも紹介されています。わたしもそのような本を手に取り読んだことがあり、大変参考になりました。
　しかし、その経験を「社会で働く人たち」にすべて参考になるかというと少し話が変わります。プロで活躍する人たちは幼少よりそのスポーツが好

きであり、慣れ親しんだ環境の中で壁を乗り越えてきています。スポーツ選手の経験を否定しているわけではなく、素晴らしい経験であることは確かです。しかし、社会で働く人はその会社に希望して入った人もいれば、他に就職先が見つからず、思い半ばで入社したケースもあります。また、希望の会社に入社しても、その後異動して、全く興味のない部署に配属になることもあります。さらに、異動先では、初めて出会う同僚や取引先のお客さんと接します。そのような環境の中で壁を乗り越えるためには相当なエネルギーが必要となります。

　社会人は仕事を通じ、「やりがい」や「自分の成長」もたくさん感じることができます。プライベートでも学生時代にはない金銭的な余裕もできます。しかし、辛いことも盛りだくさんです。このようなことを書きますと就職活動をしたくないと思う学生が増えるかもしれませんが、社会人は、辛いことを経験しながら前に進み、精神的にも低空飛行を繰り返し、日々を過ごしています。前述の「たくさん人はいる」にも記載しておりますが、会社組織にはたくさん人がおり、当然ながら、自分の好きな仕事や主張もすぐには実現できません。また、いろんな性格の上司、社員、お客さんがいます。学生と社会人との違いはそのような点にもあります。さらに言えば、お給料をもらうという意味はそこにもあるかもしれません。近年は学生の働くイメージと現実とのギャップがあり、離職率が高くなっている傾向があるため、今述べたことはしっかり覚悟して就職活動に臨んでほしいと思います。

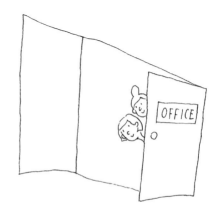

　この仕組みを理解していれば、「自

分と仕事が合わないから」、「この人が嫌いだから」という理由で会社を辞める人は少なくなります。そのためにも大学時代に部活動やアルバイトなどで多くの人と接し、苦い経験をして、「人に対する免疫力」をつけて欲しいのです。それが卒業後のあなたを助け、キャリア形成にとって重要な経験となります。

　会社に入り「なりたい自分」を実現する前に精神的に疲れてしまっては意味がありません。心身ともに良好を保つためにも様々な活動に参加し、学生生活を充実させましょう。

〈まとめ〉
・仕事の人間関係は、キャリア形成に影響する大きなポイントです。
・些細な人間関係で、仕事を辞めてしまうケースがあります。
・希望の会社に入社しても、興味のない部署に異動になることも
・社会人は辛いことも多いが、お給料はその対価とも言えます。
・大学時代に課外活動などで、人間関係の免疫力をつけておくこと

《参考文献》
　荒木淳子・伊達洋駆・松下慶太（2015）『キャリア教育論―仕事・学び・コミュニティ』慶應義塾大学出版会

あとがき

　大学時代は社会人への入り口……。高校時代とはひと味違う経験ができます。過ごし方次第では「なりたい自分」に近づくことができる大切な時期です。その時期を有意義に過ごすためにも、授業も、部活動も、遊びも、就職活動も、アルバイトも……精いっぱいチャレンジし、様々な人に出会い刺激を受けて欲しいと思います。

　また、「なりたい自分」に近づくには個人行動で実現するわけではなく社会とのかかわりの中で実現されます。家族や会社の同僚などに支えられて日々を過ごしています。その感謝を忘れず、これからのキャリアを形成して欲しいのです。

　本書を読んでいる大学生のみなさんも今後将来に悩んだり、就職活動で苦しむことがあるかもしれません。その際に少しでも本書に記載した内容が役に立つことがあれば大変うれしく思います。これから、人生の岐路に立つ学生のみなさん、大学時代は無限の可能性を秘めています。大変なことも多いとは思いますが、一歩踏み出し"自分らしい人生"を送ってください。応援しております。

　本書は「鶴見大学学長裁量経費制度」の採択により発行されました。採択していただいた伊藤克子学長、本書作成を呼びかけていただいた中川博夫入試キャリアセンター所長、発行にあたりご尽力いただきました株式会社青簡舎代表大貫祥子氏、そしてご協力いただきました皆様方に心より感謝申し上げます。

鶴見大学入試キャリアセンター
キャリア支援課チームリーダー　西村　勇気

著者紹介

西村勇気（にしむら・ゆうき）

鶴見大学入試キャリアセンターキャリア支援課チームリーダー
国家資格キャリアコンサルタント
JCDA認定　CDA（キャリア・デベロップメント・アドバイザー）
1975年生まれ、三重県志摩市出身。駒澤大学経済学部経済学科卒業。卒業後は学習塾の教室長として会社員となる。教室運営と生徒募集に携わり、営業の難しさと自分の弱さに直面し退職。その後、フリーターとしてサーフショップで働くが、生活苦で挫折。公務員試験にチャレンジしたが不合格。鶴見大学にはアルバイトとして勤務を始め、2001年より職員。その間、歯学部教学課、歯学部庶務課を経て2009年より現職（キャリア支援課）。

就活、この一冊から
―キャンパスと社会をつなぐ―

2016年11月30日　初版第1刷発行

著　者　　西村勇気

発行者　　大貫祥子

発行所　　株式会社 青 簡 舎
　　　　　〒101-0051　東京都千代田区神田神保町2-14
　　　　　電話　03-5213-4881
　　　　　http://www.seikansha.com

装幀・イラスト　鈴木優子
印刷・製本　モリモト印刷株式会社

©Yûki Nishimura 2016
ISBN978-4-903996-94-3 C1037 Printed in Japan